D1667648

FÜR

VON

* * *

Der rote Faden
No. 125

ISBN 978-3-649-62795-1

© 2018 Coppenrath Verlag GmbH & Co. KG
Hafenweg 30, 48155 Münster, Germany
Redaktion: Katrin Gebhardt
Grafische Gestaltung: Thomas Wolters, Internetlitho
Alle Rechte vorbehalten

www.coppenrath.de

JEDER TAG IST EINE NEUE CHANCE

Gedanken voller Zuversicht

COPPENRATH

Wende dich ab von den Sorgen,
überlass alle Dinge dem Schicksal;
freu dich des Guten, das heute dir lacht,
und vergiss darüber alles Vergangene.

Aus 1001 Nacht

Ich wünsche dir:
Freude, Liebe, Glück;
Zuversicht, Gelassenheit, Demut –
Eigenschaften, die dich das
werden lassen, was du bist und
immer wieder werden willst.
Jeden Tag ein wenig mehr.

Verfasser unbekannt

Gib jedem Tag die Chance,
der schönste deines Lebens zu werden.

Mark Twain

Fang jetzt an zu leben
und zähle jeden Tag
als ein Leben für sich.

Lucius Annaeus Seneca

Lass dich nicht von dem abbringen,
was du unbedingt tun willst.
Wenn Liebe und Inspiration vorhanden sind,
kann es nicht schiefgehen.

Ella Fitzgerald

In 20 Jahren wirst du mehr enttäuscht sein
über die Dinge, die du nicht getan hast,
als über die Dinge, die du getan hast. Also löse
die Knoten, brich auf aus dem sicheren Hafen.
Erfasse die Passatwinde mit deinen Segeln.
Forsche. Träume.

Mark Twain

Nimm dir Zeit zum Arbeiten.
Das ist der Preis für den Erfolg.
Nimm dir Zeit zum Nachdenken.
Das ist die Quelle der Kraft.
Nimm dir Zeit zum Spielen.
Das ist das Geheimnis der Jugend.
Nimm dir Zeit zum Lesen.
Das ist das Fundament des Wissens.
Nimm dir Zeit für die Andacht.
Das wäscht den irdischen Staub von den Augen.
Nimm dir Zeit für deine Freunde.
Das ist die Quelle des Glücks.
Nimm dir Zeit zum Lieben.
Das ist das einzige Sakrament des Lebens.
Nimm dir Zeit zum Träumen.
Das zieht die Seele zu den Sternen hinauf.
Nimm dir Zeit zum Lachen.
Das ist die Erleichterung,
welche die Bürde des Lebens tragen hilft.
Nimm dir Zeit zum Planen.
Dann hast du auch Zeit für die ersten neun Dinge.

Aus Irland

Glaube an Wunder, Liebe und Glück.
Schau nach vorne und nicht zurück.
Lebe dein Leben und steh dazu,
denn dieses Leben, das lebst nur du!

Poesiealbumspruch

Begeisterung ist darum so schätzenswert,
weil sie der menschlichen Seele
die Kraft einflößt,
ihre schönsten Anstrengungen
zu machen und fortzusetzen.

Samuel Smiles

Ohne Begeisterung, welche die Seele
mit einer gesunden Wärme erfüllt,
wird nie etwas Großes zustande gebracht.

Adolph Knigge

Wohin du auch gehst, geh mit deinem ganzen Herzen.

Konfuzius

Zum Hoffen noch viel mehr als zum
Genießen muss der neue Tag uns wecken,
wenn wir der Frische und der Fülle
des Lebens und der Energie unserer Tatkraft
uns erfreuen sollen.

Moritz Lazarus

Sobald du dir vertraust, sobald weißt du zu leben!

Johann Wolfgang von Goethe

Alles, was man im Leben braucht, ist Unwissenheit
und Selbstvertrauen, dann ist der Erfolg sicher.

Mark Twain

Wir hoffen immer,
und in allen Dingen ist besser hoffen
als verzweifeln.

Johann Wolfgang von Goethe

Die lächerlichsten und kühnsten Hoffnungen
waren manchmal schon die Ursache
außergewöhnlicher Erfolge.

Luc de Clapiers de Vauvenargues

Ein Mensch, der etwas zu hoffen hat,
lebt erst richtig.

Heinrich Lhotzky

Und hoffen darf man alles.

Sophokles

Hoffnung ist eine Art Glück,
vielleicht das größte Glück,
das diese Welt bereit hat.

Samuel Johnson

Alles nimmt ein gutes Ende für den,
der warten kann.

Leo N. Tolstoi

Alles fügt sich und erfüllt sich,
musst es nur erwarten können
und dem Werden deines Glückes
Jahr und Felder reichlich gönnen,
bis du eines Tages jenen
reinen Duft von Körnern spürst
und dich aufmachst und die Ernte
in den tiefen Speicher führst.

Christian Morgenstern

Man muss das Unmögliche erhoffen
und den Glauben an Wunder nie verlieren.

Kalenderspruch

Wo immer das Glück sich aufhält,
hoffe, ebenfalls dort zu sein.
Wo immer jemand freundlich lächelt,
hoffe, dass sein Lächeln dir gilt.
Wo immer die Sonne aus den Wolken
hervorbricht, hoffe, dass sie besonders
für dich scheint, damit jeder Tag deines
Lebens so hell wie nur möglich sei.

Irischer Segenswunsch

Betrachte immer die helle Seite der Dinge!
Und wenn sie keine haben,
dann reibe die dunkle, bis sie glänzt.

Sprichwort

Es geschieht zu jeder Zeit etwas Unerwartetes;
unter anderem ist auch deshalb das Leben so interessant.

Marie von Ebner-Eschenbach

Es ist im Leben wie im Schachspiel:
Wir entwerfen einen Plan.
Dieser bleibt jedoch bedingt durch das,
was im Schachspiel dem Gegner,
im Leben dem Schicksal zu tun belieben wird.
Die Modifikationen, welche hierdurch
unser Plan erleidet, sind meistens so groß,
dass er in der Ausführung kaum noch
an einigen Grundzügen zu erkennen ist.

Arthur Schopenhauer

Das Leben besteht nicht darin, gute Karten zu erhalten,
sondern mit den Karten gut zu spielen.

Sprichwort

Wie wenig ist am Ende der Lebensbahn
daran gelegen, was wir erlebten, und wie
unendlich viel, was wir daraus machten.

Wilhelm von Humboldt

Jedes große Ziel,
auch wenn es nicht erreicht wird,
bewirkt, dass wenigstens etwas
erreicht wird.

Lü Buwei

Im Gebirge der Wahrheit
kletterst du nie umsonst:
Entweder du kommst schon heute
weiter hinauf oder du übst deine Kräfte,
um morgen höher steigen zu können.

Friedrich Nietzsche

Man kann das Leben
nur rückwärts verstehen,
aber man muss es
vorwärts leben.

Søren Kierkegaard

Die Zukunft hat viele Namen:
Für die Schwachen ist sie das Unerreichbare,
für die Furchtsamen ist sie das Unbekannte,
für die Tapferen ist sie die Chance.

Victor Hugo

Die Furchtsamen pflücken die Rosen nicht,
weil sie Angst haben, gestochen zu werden.
Die Tatkräftigen wissen, dass man riskieren muss,
gestochen zu werden – nur dann kann man
die schönsten Blumen pflücken.

Verfasser unbekannt

Der Unterschied zwischen Kraft und Mut…

Man braucht Kraft, um sich zu verteidigen,
aber man muss Mut haben, um Vertrauen zu haben.
Man braucht Kraft, um einen Kampf zu gewinnen,
aber man muss Mut haben, um sich zu ergeben.
Man braucht Kraft, um recht zu haben,
aber man muss Mut haben, um zu zweifeln.
Man braucht Kraft, um stabil zu bleiben,
aber man braucht Mut, um aufrichtig zu bleiben.
Man braucht Kraft, um seine eigenen Fehler zu verbergen,
aber man braucht Mut, um dieselben einzugestehen.
Man braucht Kraft, um alleine zu bleiben,
aber man braucht Mut, um Hilfe zu erbitten.
Man braucht Kraft, um zu überleben,
aber man braucht Mut zum Leben.

Berthold Auerbach

Tue erst das Notwendige, dann das Mögliche,
und plötzlich schaffst du das Unmögliche.

Franz von Assisi

Träume sind der Schlüssel zum Glück.
Seine Träume wahr zu machen,
das ist der Schlüssel zum Erfolg.

Verfasser unbekannt

Bewegt man sich zuversichtlich
in die Richtung seiner Träume
und strebt danach, das Leben zu führen,
das man sich vorstellt,
erlebt man Erfolge, die man nicht erwartet hat.

Henry David Thoreau

Ich muss nicht unbedingt gewinnen,
aber ich muss ehrlich sein.
Ich muss nicht unbedingt erfolgreich sein,
aber ich muss nach dem Licht streben,
das in mir ist.

Abraham Lincoln

Wie misst du den Erfolg?

Er bedeutet häufig und viel zu lachen;
die Achtung von intelligenten Menschen zu gewinnen;
die Wertschätzung ehrlicher Kritiker zu gewinnen
und den Betrug falscher Freunde aushalten zu können;
Schönheit schätzen zu können;
das Beste in anderen sehen und finden zu können;
die Welt ein wenig besser zurückzulassen,
sei dies nun durch ein glückliches Kind,
ein blühendes Gartenbeet,
eine soziale Tat oder
eine gut gemachte Arbeit;
zu wissen,
dass es einem anderen Menschen
freier und leichter ums Herz war,
weil du gelebt hast – das heißt:
Erfolg gehabt zu haben.

Ralph Waldo Emerson

Die Aufgabe

Es herrschte eine große Dürre, in der alle Pflanzen verdorrten. Selbst die größten und stärksten Bäume verdursteten.
Es war nur eine einzige kleine Quelle übrig geblieben, die noch ein paar Tropfen Wasser hatte. Neben ihr blühte eine kleine Blume, während ringsum alles in der Sonne verbrannte.
„Wozu ist das gut", jammerte die Quelle, „wem nützt es, das bisschen, was ich mache?"
Ein alter Baum, der neben ihr stand, sprach zu ihr, bevor er starb: „Es ist nicht deine Aufgabe, die ganze Wüste zu bewässern. Deine Aufgabe ist nur, einer einzigen Blume Leben zu geben."

Afrikanisches Märchen

Kleine Taten, die man ausführt,
sind besser als große, die man plant.

George Marshall

Man kann viel, wenn man
sich nur recht viel zutraut.

Wilhelm von Humboldt

Was keiner wagt,
das sollt ihr wagen,
was keiner sagt,
das sagt heraus,
was keiner denkt,
das wagt zu denken,
was keiner anfängt,
das führt aus.

Johann Wolfgang von Goethe

Wer an Wunder glaubt,
vollbringt sie.

Ernst Moritz Arndt